REMÈDE UNIQUE

AUX MAUX

DE L'ÉGLISE ET DE L'ÉTAT.

PAR UN CURÉ DE CAMPAGNE.

> Criez sans cesse, faites retentir votre voix comme une trompette ; annoncez à mon peuple les crimes qu'il a faits, et à la maison de Jacob les péchés qu'elle a commis.
>
> Isaïe, 58.

PARIS,

ADRIEN EGRON, IMPRIMEUR
DE S. A. R. MONSEIGNEUR DUC D'ANGOULÊME,
rue des Noyers, N.° 37.

1816.

AVERTISSEMENT.

Après la violente tempête dont la France a été battue
pendant vingt-cinq ans, bien des gens se sont occupés
à chercher des remèdes à nos maux. Chaque jour a vu
éclore de nouveaux plans de réforme; l'administration
intérieure du royaume, la justice, les finances, toutes
les parties du gouvernement ont été discutées par des
hommes éclairés, dont les louables intentions tendaient
à fermer nos plaies et à ramener parmi nous le calme et
la prospérité que nous avions perdus.

Aucun cependant, j'ose le dire, n'a aperçu le remède propre et spécifique qui peut seul nous guérir ;
aucun ne l'a proposé à ses concitoyens, et tout ce qui
a résulté de ces beaux projets d'amélioration, c'est que
la sagesse de l'homme est infiniment bornée, que sa vue
est courte, et sa prudence, quand il est livré à lui-
même, toujours en défaut.

Aussi n'est-ce pas dans mes propres lumières que j'ai
cherché ce qui a échappé à celles de mes frères; c'est
dans les oracles infaillibles des Livres saints, dans la Loi
du Seigneur, qui donne la sagesse aux petits, dans ces
commandemens que David appelle purs et lumineux.

(*Ps.* 118.) C'est là que j'ai appris que « la justice élève « les nations, et que le péché rend les peuples misé- « rables. (*Prov.* 14, 34). Là, j'ai vu que tous les maux dont l'ancien peuple de Dieu fut affligé, et toutes les révolutions qu'il éprouva à diverses époques, furent le fruit et la peine de ses iniquités, et que le moyen unique qu'il employa pour réparer ses pertes et guérir ses blessu- res, fut de recourir à Dieu par l'humble aveu de ses péchés et par la pénitence.

D'où j'ai conclu, non-seulement que les maux effroya- bles qui ont pesé sur nous si long-temps étaient un juste châtiment de nos prévarications, ce que personne ne saurait nier, mais encore que la pénitence est la planche unique qui puisse nous sauver du naufrage.

C'est elle, et elle seule qui désarme la colère de Dieu, et qui attire les regards de sa miséricorde sur les nations comme sur les particuliers ; c'est par la pénitence que les Ninivites échappèrent à la ruine prochaine dont ils étaient menacés ; c'est par la pénitence que les Israélites obtinrent toujours d'être délivrés de leurs ennemis. « Dieu, dit David, usait de clémence envers eux, il « leur pardonnait leurs offenses et ne les perdait pas. » (*Ps.* 77) C'est aussi par la pénitence seule que la France peut recouvrer la paix, la splendeur et la félicité, qui sont l'objet de ses vœux ; et sans elle tous nos efforts pour y parvenir seront inutiles ; sans elle nous n'aurons ni prudence dans le conseil, ni force dans l'exécution ; sans elle nous serons livrés comme nous l'avons été jusqu'ici à un esprit de vertige, de folie et d'égarement; nous irons d'erreur en erreur, d'abîme en abîme; nous serons en proie à nos ennemis et à tous les fléaux de la Justice divine; nous deviendrons la risée des hommes, et nous périrons enfin misérablement et sans ressource.

Il n'est pas nécessaire d'avoir reçu l'esprit de prophétie pour annoncer les châtimens que Dieu exerce même, dès ce monde, sur les peuples impénitens. Il suffit d'avoir étudié la conduite qu'il a tenue dans les divers âges sur toutes les nations qui l'ont offensé par leurs crimes, et qui ont négligé de l'apaiser par la pénitence; il suffit même d'ouvrir les yeux sur les événemens dont nous sommes témoins et victimes tout ensemble. Pourquoi passons-nous sans cesse de révolution en révolution? Pourquoi sommes-nous comme des hommes ivres qui chancèlent à chaque pas, ou comme des malades qui s'agitent en vain pour se délivrer de la fièvre qui les tourmente? Pourquoi sommes-nous humiliés sous la main de nos voisins qui nous rongent jusqu'aux os? Pourquoi le Tout-Puissant appesantit-il son bras sur nous en tant de manières? C'est que nos iniquités se sont accrues et sont montées jusqu'au ciel, et que, bien loin de songer à les expier, nous y mettons le comble par notre impénitence.

Revenons donc au Seigneur, renonçons au péché, faisons des œuvres de justice, pleurons le passé, son-geons sérieusement à nous convertir, et nous verrons la fin de nos maux. Tel est le but de ce petit écrit. Je tâche d'y montrer que, comme nous avons cru devoir expier par un deuil public l'horrible attentat commis sur la personne de Louis XVI, nous devons à plus forte raison effacer par une sincère pénitence l'apostasie et les crimes innombrables dont nous nous sommes rendus coupables dans la tempête révolutionnaire qui a bouleversé la France. Je fais voir que la Justice divine tient son bras toujours levé sur nous, et que nous n'avons point d'autre moyen de la fléchir qu'une conversion prompte et véritable, que de dignes fruits de pénitence.

Je n'ignore pas que le plus grand nombre de mes concitoyens se moquera de mon zèle. Je ne sais que trop par une triste expérience, que le nom même de la pénitence est odieux aux impies, aux mondains, à tous ceux qui se contentent de la profession extérieure du christianisme, sans se mettre en peine d'en faire les œuvres. Leur injuste délicatesse ne doit pas m'empêcher d'élever ma faible voix, et de faire entendre à tous ceux qui ne se bouchent pas les oreilles, les jugemens de Dieu sur ma nation, et l'unique moyen qui nous reste pour les prévenir. Puissé-je du moins réveiller, comme le dit le prince des apôtres, « les âmes simples et sincères par mes « avertissemens, et les faire souvenir des choses qui ont « été prédites par les saints prophètes ! » (*II Pier.* 3.) « de peur que l'indignation du Seigneur n'éclate tout « d'un coup, qu'elle ne s'embrase comme un feu, et que « personne ne puisse l'éteindre ! » (*Jér.* 4, 4.).

REMÈDE UNIQUE

AUX MAUX

DE L'ÉGLISE ET DE L'ÉTAT.

I.

Combien est juste la réparation du Régicide.

La France entière applaudit avec transport, dans le mois de janvier, au sage Décret par lequel la Chambre des Députés ordonnait une fête d'expiation pour le crime horrible qui avait été commis sur la personne sacrée de son Roi. Il était juste, il était digne du peuple français de donner des marques publiques et solennelles de sa douleur, et de montrer à toute la terre sa profonde indignation contre un tel attentat. Il était nécessaire que la nation fît éclater toute l'horreur que lui inspiraient les monstres dégouttant du sang de Louis XVI, qu'elle les marquât d'un sceau de réprobation, qu'elle les vomît même de son sein, pour attester à tous les âges que le meurtre de son Roi ne saurait lui être imputé, et que ce crime épouvantable n'a été l'ouvrage que d'un petit nombre de factieux et de scélérats.

II.

Cette réparation est insuffisante.

GARDONS-NOUS cependant de croire que nous ayons rempli toute justice à cet égard. L'affluence des fidèles dans nos temples, les chants lugubres dont ils ont retenti, les prières et les cérémonies augustes auxquelles nous avons assisté, les signes de deuil et de tristesse que nous y avons fait paraître, ne sont qu'une faible réparation de cet affreux parricide. C'est un commencement de pénitence, non une satisfaction proportionnée à l'énormité du crime. Il serait bien raisonnable d'imiter au moins le peuple anglais dans son repentir, comme nous avons eu le malheur de le suivre dans son égarement; et l'on n'aurait que trop de raison de dire à la France ce que saint Ambroise disait à l'empereur Théodose, qui s'excusait du meurtre des habitans de Thessalonique par l'exemple de David, qui avait fait mourir Urie : *Quem secutus es errantem, sequere pœnitentem.*

Or tout le monde sait que, depuis l'horrible assassinat du roi Charles Ier, l'Angleterre a toujours observé et observe encore un jeûne public au jour anniversaire de sa mort. Pour-

(9)

quoi donc celui de la mort de Louis XVI n'est-il
pas pour la France un jour de jeûne et de pénitence ? Pourquoi ne nous efforçons-nous pas de
racheter une si grande iniquité par des larmes
amères, des prières ferventes et d'abondantes
aumônes ? Ce n'est pas par de stériles regrets,
ni par la seule honte qu'imprime sur nos fronts
une telle noirceur, que nous pouvons désarmer
la Justice divine, et lui arracher les foudres
que nous avons méritées. C'est par de dignes
fruits de pénitence, par le sacrifice d'un cœur
contrit et humilié, par des œuvres de justice et
de charité, par une conversion solide et sincère
que nous obtiendrons miséricorde. « C'est l'âme
« qui est triste à cause de la grandeur du mal
« qu'elle a fait, qui marche toute courbée et tout
« abattue, dont les yeux sont dans la langueur et
« la défaillance... qui rend au Seigneur la gloire
« et la louange de la justice.» (*Baruch. ch. 2. 18.*)
Eh ! plût à Dieu que nous n'eussions pas dif-
féré si long-temps un repentir si juste et si nécessaire ! Quelle foule de maux ne nous serions-
nous pas épargnés ! Quel déluge de crimes,
quels justes châtimens n'aurions-nous pas pré-
venus, si nous avions opposé, au bras vengeur
qui s'est appesanti pendant tant d'années sur la
France, une humiliation prompte et proportionnée à la grandeur d'un tel forfait ! Com-
mençons au moins maintenant à effacer, s'il
est possible, l'opprobre dont nous nous sommes

couverts à la face du Ciel et de la terre ; que l'abondance de nos pleurs égale la grandeur de notre péché, et que notre pénitence ne soit pas moindre que notre crime. *Quàm magna deliquimus tam granditer defleamus..... Pœnitentia crimine minor non sit.* (Cypr. de Laps.)

Ce n'est pas tout. La vraie pénitence ne se borne pas à expier le passé ; elle prévoit encore l'avenir ; elle prévient les rechutes ; elle s'arme de toutes sortes de précautions contre le danger ; elle fuit les occasions ; elle arrache l'œil et coupe sans miséricorde la main et le pied qui seraient un sujet d'achoppement ; elle met enfin le plus grand intervalle possible entre elle et le retour au mal. Ce caractère d'une pénitence solide et véritable n'est pas moins essentiel ni moins indispensable que le premier. *Animi dolor ac detestatio de peccato commisso, cum proposito non peccandi de cœtero,* dit le Concile de Trente. (*Sess.* 14. *ch.* 4.)

La pénitence, disent les SS. Docteurs, consiste à pleurer les péchés que l'on a commis, et à ne plus rien faire qui mérite d'être pleuré ; et ils ont toujours regardé comme des moqueurs, et non comme des pénitens, ceux qui retombaient dans les désordres dont ils avaient témoigné se repentir.

D'où il est aisé de conclure que si la nation française est sincèrement affligée du régicide dont elle a été souillée dans ces jours de licence et d'impiété, qu'enfin nous voyons disparus; si elle a une juste horreur d'un crime si digne d'exécration, elle doit proscrire à jamais la doctrine abominable tant de fois répétée au milieu de nous, selon laquelle il est non-seulement permis, mais louable de tuer les Rois, lorsqu'on a quelque prétexte de les regarder comme des tyrans.

Est-on bon citoyen, est-on sujet fidèle, quand on enseigne ou même que l'on tolère dans un Etat une si détestable doctrine? Et qui sont ceux qui l'enseignent ? Peut-on l'ignorer ? Ce sont les disciples des Voltaire, des Rousseau, des Raynal, et des autres coryphées de la prétendue philosophie. C'étaient les Condorcet, les Champfort, les Chénier, et cette horde de tigres, qui n'ont cessé, pendant un demi-siècle, de vociférer contre les Souverains; ce sont encore ceux qui forment le même vœu que ce Diderot, d'exécrable mémoire, qui voulait *des boyaux du dernier prêtre, serrer le cou du dernier Roi;* c'est cette foule de mécréans, d'impies, de Jacobins, qui ont fait retentir la France de eurs cris séditieux ; qui ont préparé, exécuté; consommé notre révolution, et qui, fidèles à leurs principes sanguinaires, ont conduit à l'échafaud le meilleur des Rois.

Il est vrai que déjà une partie de ces monstres a porté la peine qui leur était due, et parmi ceux-là, le plus grand nombre, en se dévorant les uns les autres ; mais leurs écrits subsistent, leur esprit vit encore, leurs leçons infernales circulent librement dans toute la France, leurs adeptes sont en grand nombre ; et si on ne se hâte de fermer une si dangereuse école, si la sévérité des lois ne réprime l'audacieuse licence de cette tourbe de libertins, comment ne pas craindre de nouveaux forfaits ? Quelle sûreté peut avoir le Roi sur son trône, s'il est permis à ces démagogues insensés d'armer contre lui ses sujets, et de prêcher le régicide?

Je sais que les âmes honnêtes n'ont que de l'horreur pour ces dégoûtantes maximes ; mais un peuple démoralisé, un peuple qui a secoué le joug de la Foi, qui méprise la Religion, qui regarde l'Evangile comme une fable, qui ne connaît point d'autre loi que celle de ses passions, de quoi n'est-il pas capable, quand des maîtres d'erreur lui apprennent à fouler aux pieds ce qu'il y a de plus sacré, et à s'élever au-dessus des devoirs les plus légitimes? Nous ne l'avons que trop vu pendant vingt-cinq ans ; il est temps de devenir sages à nos dépens, il est temps d'appréhender qu'un feu mal éteint ne se rallume encore et ne cause un nouvel incendie. Profitons des conseils que nous donne l'expérience ; portons la cognée à la racine de l'arbre ; qu'une indulgence déplacée ne nous expose pas à de nouveaux malheurs : déclarons traîtres au Roi et à la patrie quiconque arbore l'étendard de l'incrédulité et de la révolte, quiconque répand des écrits propres à échauffer des têtes mal organisées, quiconque s'efforce de briser le sceptre du Souverain légitime, quiconque prêche la licence sous le nom spécieux de la liberté.

N'ayons plus qu'une juste horreur pour des doctrines de désolation et pour tous ceux qui cherchent à les semer; revenons sincèrement aux vrais et immuables principes; pleurons l'oubli que nous en avons fait dans des temps orageux; prenons une ferme résolution d'y être plus fidèles à l'avenir; éloignons de nos cœurs et de l'enseignement public ces funestes maximes qui tendraient à nous plonger dans de nouveaux égaremens; bannissons du milieu de nous quiconque veut encore les propager et les défendre; gardons-nous de l'incrédulité, de toute innovation dans l'ancienne croyance, de tout sentiment contraire à la sûreté de la Religion et de l'Etat: c'est le meilleur moyen de cicatriser nos plaies et d'en prévenir de nouvelles.

III.

Combien plus nécessaire la réparation de l'Apostasie.

MAIS s'il était juste et indispensable de venger la mémoire de Louis XVI, et de réparer l'outrage fait à sa personne sacrée, combien est-il plus juste et plus nécessaire de punir sur

nous-mêmes les crimes sans nombre, et surtout l'horrible apostasie dont nous nous sommes
souillés dans ces jours de licence et d'impiété?
Si l'attentat commis envers la seconde majesté
exige de notre part des gémissemens et des
larmes, dans quelle amertume et quelle confusion ne doit pas nous plonger l'audace avec
laquelle nous avons bravé et insulté la première? Qu'est-ce que le plus grand Roi de la
terre auprès du Très-Haut, du Tout-Puissant?
Qu'est-ce que l'homme, si on le compare à
Dieu? Et quelle proportion peut-il y avoir entre le mépris d'une créature semblable à nous,
et celui du Créateur? Combien celui-ci sur-
passe-t-il le premier en noirceur, en atrocité,
en insolence? Combien le Dieu immortel, le
Roi des Rois, à qui seul appartiennent l'honneur
et la gloire, n'est-il pas élevé au-dessus de tous
les hommes et de tous les princes?

Et c'est néanmoins ce Dieu adorable que l'on
a outragé au sein de notre nation, par des
crimes et des attentats, qui ne diffèrent pas
d'une apostasie formelle et totale, d'une guerre
ouverte déclarée à Dieu même, dont le récit
seul fait frémir. N'est-il pas manifeste en effet
que, s'il eût été au pouvoir de nos révolution-
naires, il ne manquait rien de leur part pour
abolir son saint nom, et jusqu'à sa mémoire, des
cœurs de toute la nation? Qui pourrait se rappeler sans effroi les blasphèmes, les railleries

impies, les sarcasmes et les horreurs vomis
par des milliers de bouches impures, d'un bout
de la France à l'autre ? Qui pourrait avoir oublié la rage, la fureur et le délire, avec lesquels
on a osé maudire le Dieu vivant ? Qui pourrait
encore aujourd'hui retenir ses larmes, en se
souvenant des sacriléges commis dans nos
églises, de la profanation du plus saint de nos
mystères, du renversement de nos autels, de
l'abolition du culte extérieur, des insultes faites
au signe sacré de notre Rédemption ?

Combien de fois les rues de la capitale et des
autres villes ont-elles été remplies de ces pro-
cessions infâmes, où toutes les démences du paganisme outrageaient la Religion, dont elles pa-
rodiaient les pompes ! Qui ne se rappelle cette
nombreuse populace, couverte des parures du
théâtre, et formant le cortége d'une prostituée
qui représentait la Liberté ? Quelle âme hon-
nête a pu soutenir la vue de ces farces prétendues religieuses, où une foule d'insensés et
de libertins couraient en désordre les uns après
les autres, chantant toutes sortes d'horreurs,
et s'efforçant de donner à ce tumulte l'air d'une
cérémonie sacrée et nationale ?

Qui pourrait peindre l'extravagance des dé-
cades, des sans-culotides, des prétendues fêtes
de la *Raison* ? Qui ne serait saisi de douleur au
souvenir de la suppression du jour du Seigneur
et des mystères de la Religion, de la cessation

du sacrifice auguste de nos autels, du mariage infâme de tant de prêtres et de religieuses, de l'exaction des lettres de prêtrise, de la spoliation et dissipation des vases et ornemens sacrés, des temples et maisons de prières ; en un mot, des objets de toute nature consacrés à Dieu, à son service, ou aux membres souffrans de Jésus-Christ ? Qui se rappelle encore, sans frémir d'horreur, le mépris versé à pleines mains sur les oints du Seigneur, qu'on s'efforçait de déshonorer par des dénominations ridicules ? Que dirai-je de la cruelle persécution dont les évêques et les prêtres ont été les victimes, du massacre des uns, de la déportation des autres, de l'indigence où ils se sont vus réduits, de la destruction de tous les monastères ? Que dirai-je de la permission du divorce et de l'usure, quoiqu'ils soient l'un et l'autre si sévèrement défendus par la loi de l'Evangile, de la multiplication des parjures, du violement des droits les plus sacrés, et de ce déluge d'iniquités qui a inondé la France pendant vingt-cinq ans ?

Que dirai-je encore de l'usurpation de la puissance de l'Eglise, d'où s'en est suivi la discorde parmi ses ministres, et une source de larmes pour cette sainte Epouse ? Eh ! n'a-t-on pas été jusqu'à réduire les ministres des autels à l'impuissance de remplir leurs fonctions sacrées ? N'a-t-on pas enfin bouleversé, avec l'Etat et le Gouvernement, la Religion catholique ? Que dirai-je de l'impiété avec laquelle on a assimilé et mis de niveau tous les cultes, comme s'ils étaient tous égaux ou indifférens? Ce n'est pas contre la tolérance civile des différentes religions que je m'élève, mais contre l'honneur que l'on a fait au paganisme, au mahométisme, au judaïsme, au protestantisme et à tous les cultes les plus absurdes, en leur accordant la même liberté, la même protection, les mêmes avantages, qu'à la Religion de nos pères, la seule véritable et divine.

Que dirai-je, enfin, de cet athéisme grossier et révoltant, qui a été proclamé solennellement au nom de la nation, des formules impies dont on a exigé la signature des prêtres mêmes, des blasphèmes dont les chaires sacrées ont ré-tenti, des scènes d'horreur dont nos églises et nos autels ont été le théâtre? Qui pourrait ra-conter en détail toutes les abominations dont la France s'est rendue coupable dans le temps de sa rage révolutionnaire? Comment peindre tant d'excès, tant de sang innocent répandu, la justice foulée aux pieds de tout le monde, la vérité réduite en esclavage; le mensonge, l'in-crédulité, l'injustice, sur le trône? Comment peindre l'oubli de tous les principes, le mépris de toutes les lois, le règne de tous les crimes? Quel tableau! quel déchirant spectacle! Et qui peut en supporter le regard? (*Voyez* la note à la fin de cet écrit.)

IV.

Caractères de cette Apostasie.

Y a-t-il rien, dans l'Histoire sacrée et profane, qui se rapproche d'un tel scandale ? « Passez
« aux îles de Cethim, et voyez ce qui s'y fait, dit
« Dieu, par le prophète Jérémie ; envoyez en
« Cédar, et considérez bien ce qui s'y passe,
« et voyez s'il s'y est fait quelque chose de sem-
« blable : s'ils ont changé les dieux, qui certai-
« nement ne sont point des dieux, et cepen-
« dant mon peuple a changé sa gloire en une
« idole » (*c'est-à-dire, a adoré une idole, au*
lieu du Seigneur, qui était toute sa gloire).
« O Cieux ! frémissez d'étonnement ; pleurez,
« portes du Ciel, et soyez inconsolables, dit le
« Seigneur, car mon peuple a fait deux maux ;
« ils m'ont abandonné, moi qui suis une source
« d'eau vive ; ils se sont creusé des citernes en-
« tr'ouvertes, des citernes qui ne peuvent re-
« tenir l'eau. » (*Jér.* 2, 10.)

Ces reproches humilians ne nous regardent-
ils pas encore plus que les Juifs ? Il est vrai que
ce peuple avait plusieurs fois allié le culte des
idoles avec celui du vrai Dieu, qu'il avait même
porté l'égarement et l'impiété jusqu'à se faire
un veau d'or, et l'adorer comme son dieu ;
mais a-t-il jamais abjuré ouvertement sa foi,
renié son Dieu et son culte, avec des circons-

tances aussi exécrables que celles qu'on a vues se produire à la barre de la Convention? A-t-il jamais été à cet excès d'irréligion, de tourner en dérision et en bouffonnerie les plus vénérables mystères? A-t-il jamais donné des exemples de scandale aussi révoltans que ceux dont nous avons été témoins? A-t-on vu parmi nous un Moïse, un Mathathias, zélé pour la gloire du Seigneur, qui ait protesté publiquement, au péril de sa vie, contre de telles abominations?

Il est vrai encore qu'ils ont ajouté à toutes les infidélités dont ils s'étaient rendus coupables, le plus grand de tous les crimes, en faisant mourir l'auteur même de la vie, en crucifiant, comme un scélérat et un séducteur, le Messie qu'ils attendaient; mais, dit S. Paul : « S'ils l'eussent « connu, ils n'eussent jamais crucifié le Seigneur « de gloire. » (*I. Cor.* 2, 8.)

Combien donc notre impiété est-elle plus énorme et plus inexcusable! Combien sommes-nous plus criminels, nous qui le connaissions, qui faisions profession de croire en lui, et de l'adorer comme notre Dieu, et qui cependant l'avons crucifié de nouveau, qui l'avons couvert d'opprobres, qui l'avons foulé aux pieds, qui avons traité comme une chose vile et profane le sang de l'alliance, par lequel nous avions été sanctifiés, et qui avons fait outrage à l'esprit de la grâce ! (*Hebr.* 6 *et* 10.)

Les Juifs d'ailleurs avaient-ils reçu de Dieu autant de grâces et de lumières que nous en avons reçues? Eh! quel peuple fut jamais plus favorisé du Ciel que le peuple français? Sur quelle nation le Seigneur avait-il fait éclater ses miséricordes comme sur nous? Or la mesure de ses dons est celle de notre ingratitude ; plus nous avons été comblés des bénédictions célestes, plus notre impiété est horrible. « On « demandera beaucoup, dit J. C. à celui à qui « on a donné beaucoup, et l'on fera rendre un « plus grand compte à celui à qui on a plus confié. « (*Luc.* 12, 48.)» Combien donc méritons-nous plus que les Juifs ces reproches que leur faisait Moïse : « Ceux qui portaient indignement le « nom de ses enfans, l'ont offensé par leurs cri- « mes ! C'est une race perverse et corrompue. « Peuple fou et insensé, est-ce ainsi que vous « marquez votre reconnaissance au Seigneur?... « Peuple ingrat, ajoutait ce saint Législateur, « tu as abandonné le Dieu qui t'a donné la vie, « tu as oublié le Seigneur qui t'a créé..... Le « peuple est une race pervertie : ce sont des « enfans rebelles; ils m'ont piqué de jalousie en « adorant ce qui n'était pas leur Dieu, et ils « m'ont irrité par la vanité de leurs idoles. » « (*Deut.* 32.)

« Cieux, écoutez, dit Isaïe ; et toi, terre, « prête l'oreille, car c'est le Seigneur qui a « parlé: J'ai nourri des enfans et je les ai élevés,

« et après cela ils m'ont méprisé. Le bœuf re-
« connaît celui à qui il est, et l'âne l'étable de
« son maître ; mais Israël ne m'a point connu,
« et mon peuple a été sans entendement. (*Isaïe,*
« 1, 2.) » Ils ont payé d'ingratitude tous mes
soins : non - seulement ils m'ont négligé, ils
m'ont oublié, ils m'en ont préféré d'autres ;
mais tout remplis de mes dons et comblés de
mes grâces, ils se sont insolemment révoltés
contre moi, et m'ont insulté avec outrage. Par
un renversement étrange de la nature, mon
peuple, plus stupide et plus dur que les bêtes
les plus brutes et les plus pesantes, ne m'a
point connu, malgré l'attention que j'avais à
le combler de biens, et à lui épargner toutes
sortes de maux. Je leur avais donné l'être et
la vie ; je les avais élevés à la dignité d'enfans
de Dieu ; je leur avais prodigué les richesses,
la gloire et toutes sortes de biens dans l'ordre
de la nature, et dans celui de la grâce ; la
raison et la Religion les obligeaient également
à me demeurer attachés ; ils devaient au moins
avoir pour un si bon père quelque retour de
tendresse, dont ils pouvaient apercevoir des
traces dans les petits de tous les animaux envers leurs pères et mères, et cependant ils
m'ont méconnu, persiflé, couvert d'opprobres
et d'ignominie. » (*Expl. d'Isaïe.*)

« Qu'ai-je dû faire de plus à ma vigne, dit
« encore le Seigneur par le même Prophète,

« que je n'aie pas fait ? Est-ce que je lui ai fait
« tort d'attendre qu'elle portât de bons raisins,
« au lieu qu'elle n'a produit que des grappes
« sauvages ? » (*Isaïe*, 5, 4.) Est-ce à ma patience et à ma longue attente qu'il faut attribuer
sa stérilité pour le bien et sa fécondité pour le
mal ? Est-ce ma bonté qu'il faut accuser de sa
malice ?

« Mais je vous montrerai maintenant, ajoute
« le Prophète, ce que je m'en vais faire à ma
« vigne ; j'en arracherai la haie, et elle sera ex-
« posée au pillage ; je détruirai tous les murs
« qui la défendent, et elle sera foulée aux pieds;
« je la rendrai tout inculte, et elle ne sera ni
« taillée ni labourée : les ronces et les épines la
« couvriront ; je commanderai aux nuées de ne
« plus pleuvoir sur elle. » (*Ibid.*) Quelle menace ! Et avec quelle sévérité a-t-elle été ac-
complie ! La dispersion des Juifs et les malheurs
qui l'ont précédée, l'état où ils sont dans toutes
les nations, leur dépendance, leur faiblesse, la
manière dont ils sont exposés aux caprices des
Princes ou des Républiques, sans avoir ni protection, ni asile, tout cela ne nous donne-t-il pas
l'explication bien claire de cette prophétie ?

V.

*Châtimens dont les Livres saints menacent les
Apostats.*

Mais ne regarde-t-elle que les Juifs ? «N'est-

« ce pas plutôt pour nous que Dieu parle ainsi ?
« Oui, sans doute ; c'est pour nous que cela est
« écrit ; » (*Cor.* 9. 10.) c'est à nous qu'il dit ce qu'il
disait autrefois à Sennachérib, roi d'Assyrie :
« A qui penses-tu avoir insulté ? qui crois-tu
« avoir blasphémé ? contre qui as-tu haussé la
« voix et élevé tes yeux insolens ? C'est contre
« le Saint d'Israël.... Lorsque ta rage s'est dé-
« clarée contre moi, ton orgueil est monté jus-
« qu'à mon trône : c'est pourquoi je te mettrai
« un cercle aux narines, et un mors à la bou-
« che ; je te traiterai comme on traite les che-
« vaux et les mulets, qui sont sans intelligence ;
« je te domterai comme on domte les animaux,
« lorsqu'ils sont fougueux et intraitables.   »

 « C'est à nous qu'il dit encore, par Isaïe :
« Malheur à la nation pécheresse, au peuple
« chargé d'iniquités, à la race corrompue, aux
« enfans méchans et scélérats ! Ils ont abandonné
« le Seigneur, ils ont blasphémé le Saint d'Is-
« raël, ils sont retournés en arrière : par où
« pourriez-vous encore vous blesser ? Quels
« crimes pourriez-vous ajouter aux premiers ?
« Toute tête est malade et tout cœur est languis-
« sant, depuis la plante des pieds jusqu'au haut
« de la tête ; il n'y a en lui rien de sain, ni d'en-
« tier : ce n'est que blessure, que meurtris-
« sure, que plaie sanglante et ouverte, dont on
« n'a pas fait sortir le pus, qui n'a pas été ban-
« dée, à laquelle on n'a point appliqué de re-

« mède, et qu'on n'a point adoucie avec l'huile.
« *C'est pourquoi* votre terre sera déserte, vos
« villes seront brûlées par le feu, les étrangers
« dévoreront votre pays devant vous, et il sera
« désolé comme une terre ravagée par ses en-
« nemis, et la fille de Sion demeurera comme
« une loge de branchages dans une vigne, comme
« une cabane dans un champ de concombres,
« et comme une ville étroitement assiégée.
« (*Isaïe*, 1, 4.)
  « C'est à nous que s'adressent ces reproches
« et ces menaces de Moïse : L'abondance de ce
« peuple chéri a produit sa révolte sontre son
« Dieu ; sa force, son repos, ses richesses, l'ont
« aveuglé ; il a abandonné Dieu, son Créateur ;
« il s'est éloigné de Dieu, son Sauveur.... Le
« Seigneur l'a vu et il s'est mis en colère, parce
« que ce sont ses fils et ses filles qui l'ont of-
« fensé ; et il a dit : Je leur cacherai mon
« visage, et je verrai ce qu'il leur arrivera dans
« les derniers temps.... Un feu s'allumera dans
« ma fureur, et il brûlera jusqu'au fond des
« enfers ; il dévorera la terre avec tout ce qu'elle
« produit.... Je ferai fondre sur eux tous les
« maux réunis ensemble, et j'épuiserai contre
« eux tous mes traits ; ils seront consumés par
« la faim ; l'épée les percera au-dehors, et la
« frayeur au dedans ; ma colère s'étendra jusque
« sur les jeunes hommes et les filles, sur les
« vieillards et les enfans : ces peuples n'ont ni

« jugement ni prudence, que n'ont-ils assez
« d'intelligence pour prévoir à quoi leur état
« doit se terminer ?... La vengeance est à moi,
« et je leur rendrai dans le temps ce qu'ils mé-
« ritent; leur pied glissera, et ils tomberont.
« Le jour de leur perte est proche, et ce qui
« leur est préparé avance à grands pas. (*Deut.*
« 32.)

C'est pour nous que le Seigneur dit au Roi de
Tyr, dont nous avons imité l'orgueil : « Parce que
« votre cœur s'est élevé, comme si c'était le
« cœur d'un Dieu, je ferai venir contre vous
« des étrangers, les plus puissans d'entre les
« peuples, et ils viendront l'épée à la main ex-
« terminer votre sagesse avec tout son éclat, et
« ils souilleront votre beauté; ils vous tueront et
« vous précipiteront du trône, et vous mourrez
« dans le carnage de ceux qui seront tués. »
(*Ezech.* 28. 6.)

C'est parce que nous avons dit, comme
Pharaon : « Qui est le Seigneur, pour m'obliger
« à entendre sa voix ? je ne connais point le
« Seigneur, » qu'il signalera sa puissance sur
nous par un grand nombre de prodiges et de
merveilles, comme autrefois sur l'Egypte; qu'il
étendra sa main sur nous, et qu'il fera éclater
parmi nous la sévérité de ses jugemens. (*Exod.*
v. 5 *et* 7.)

C'est parce que nous avons, comme Antiochus, attaqué et blasphémé le Très-Haut, parce que nous avons, comme lui, entrepris de ruiner son culte, de piller ses vases sacrés, de désoler son temple, de supprimer ses jours de fêtes, d'abandonner sa loi, de faire cesser son sacrifice, et de porter la nation entière à l'irréligion et à l'apostasie ; que nous avons mérité d'être traités comme ce Prince ; d'être frappés comme lui d'une plaie incurable, et d'être forcés à rabattre de ce grand orgueil, à entrer dans la connaissance de nous-mêmes, et à reconnaître « qu'il est juste que l'homme soit soumis à « Dieu, et que celui qui est mortel ne s'égale « pas au Dieu souverain. » (*Mach. liv.* 1, *ch.* 1, *et liv.* 2, *ch.* 9.)

C'est de nous que saint Jean parle dans l'Apocalypse, sous l'image d'une Babylone, excessivement orgueilleuse, criminelle et endurcie, contre qui la Justice divine doit tonner d'une manière terrible : « Les plaies, la mort, le deuil et « la famine, dit-il, viendront fondre sur elle en « un même jour, et elle sera brûlée par le feu. » (*Apoc.* 18. 8.) Serait-il possible en effet qu'une nation qui s'est jouée de la Religion avec tant d'effronterie et d'impiété, ne fût pas solennellement punie à la face de l'univers ?

C'est à nous aussi bien qu'aux Juifs, dont nous avons surpassé l'incrédulité, que J. C. adresse ces terribles paroles : « Et toi, Capharnaüm, « t'élèveras-tu toujours jusqu'au Ciel ? Tu

« descendras jusqu'au fond de l'enfer... Je vous
« déclare que le royaume de Dieu vous sera ôté,
« et qu'il sera donné à un peuple qui en produira
« les fruits. » (*Math.* 11. 23, *et* 21. 43.)

C'est à nous que saint Paul dit : « Prenez-
« garde de ne vous enfler pas, mais tenez-vous
« dans la crainte ; car si Dieu n'a pas épargné les
« branches naturelles (*les Juifs*), vous devez
« craindre qu'il ne vous épargne pas non plus..Si
« vous ne persévérez pas dans l'état où sa bonté
« vous a mis, vous serez aussi retranché. »
(*Rom.* 11. 21.) « Ecoute, écoute, chrétien,
« s'écrie M. Bossuet ; lis ta destinée dans celle
« des Juifs, mais lis et écoute dans le cœur. »
(*Médit. t.* 1. *p.* 364.) « Si Dieu, terrible dans
« ses conseils sur les enfans des hommes, dit
« Fénélon, n'a pas même épargné les branches
« naturelles, comment oserions-nous espérer
« qu'il nous épargnera, nous branches sauvages
« et entées, nous branches mortes et incapables
« de fructifier?.... Le flambeau de l'Evangile,
« qui doit faire le tour de l'univers, achève sa
« course pour nous ; le jour de la ruine est
« proche, et les temps se hâtent d'arriver. »
(*Serm. pour l'Epiph.*)

Eh ! comment un peuple qui a abusé d'une
manière aussi énorme de tous les dons de Dieu,
qui a profané avec tant d'audace ce que la Religion a de plus sacré, qui a prononcé tant de
blasphèmes contre J. C. et ses mystères, qui
s'est plongé avec tant de fureur dans toutes

sortes de crimes, qui a mis le comble à une monstrueuse dépravation par l'orgueil le plus effréné, par la plus insolente incrédulité ; comment un tel peuple échapperait-il aux vengeances du Tout-Puissant? Comment ne deviendrait-il pas pour les races futures un exemple éclatant des châtimens dus à la profanation des choses saintes, à l'ingratitude, à l'impiété, à l'endurcissement ?

Pourrions-nous nous flatter de l'impunité ? Eh ! quel peuple depuis l'origine du monde, a pu se soustraire au Dieu vengeur ? Qu'on ouvre l'histoire des nations, et l'on verra accompli sur chacune ce que Tobie envisageait à l'égard de Ninive, que son iniquité finirait par la perdre. « Je vois, disait ce saint homme, que l'ini- « quité de cette ville la fera périr. » (*Tob.* 14. 13.) Que sont devenus ces peuples autrefois si fameux ? Où sont ces vastes et puissantes monarchies des Assyriens, des Chaldéens, des Medes et des Perses? Où sont ces anciens Romains qui avaient fait la conquête de l'univers? Où sont ces Iduméens, ces Moabites, ces Ammonites, et ces autres nations auxquelles les prophètes adressaient tant de reproches et de menaces? Où sont ces anciens Gaulois, ces Goths, ces Vandales et tant d'autres Barbares, qui dans leur temps servirent d'instrumens à la Justice divine, pour punir les crimes des chrétiens, et disparurent ensuite comme une poudre légère que le vent emporte?

Et dans l'ordre de la Religion, que sont devenues ces fameuses Eglises d'Alexandrie, d'Antioche, de Jérusalem, de Constantinople, qui en avaient d'innombrables sous elles ? Que reste-t-il sur les côtes de l'Afrique, dont les Eglises étaient autrefois si florissautes ? Que voyons-nous dans l'Asie et dans le Nord de l'Europe, sinon des rameaux que le glaive vengeur a retranchés et qui ne tiennent plus à l'ancienne tige ? « L'Eglise, il est vrai, dit Fé
« nélon, a des promesses d'éternité; mais nous
« qu'avons-nous, sinon des menaces qui nous
« montrent à chaque pas l'abîme ouvert sous
« nos pieds ? Le fleuve de la grâce ne tarit point,
« il est vrai ; mais souvent pour arroser de
« nouvelles terres, il détourne son cours et ne
« laisse dans l'ancien canal que des sables arides.
« La foi ne s'éteindra point, je l'avoue; mais elle
« n'est attachée à aucun des endroits qu'elle
« éclaire. Que ferait plus long-temps la foi chez
« des peuples corrompus jusqu'à la racine ? »
(*Sermon pour le jour des Rois.*) Si, dès le dix-
septième siècle, la vue des maux qui affligeaient
l'Eglise de France faisait craindre sa réprobation,
combien nos alarmes doivent-elles être plus
vives et nos gémissemens plus profonds, en
voyant le débordement d'impiété et de dépravation qui depuis notre révolution a inondé ce
malheureux royaume?

Concluons-donc que nous ne saurions trop

appréhender les fléaux de la Justice divine, que
nous avons si insolemment provoquée par des
iniquités innombrables ; concluons qu'étant menacés de toute sorte de châtimens spirituels et
temporels, nous ne pouvons trop nous hâter de
les détourner de dessus nos têtes par de dignes
fruits de pénitence. Ne nous dissimulons
pas que nous sommes sur le penchant d'un pré-
cipice : sortons enfin de cette léthargie profonde,
de cette malheureuse sécurité, qui nous cachent
les dangers qui nous environnent, de cet assoupissement universel où nous sommes ensevelis
au milieu de tant de sujets de terreur.

« Hélas ! dit un pieux auteur, la lumière nous
« abandonne, et nous n'en sommes point émus ;
« le dépôt de la Religion nous échappe, et cette
« immense perte nous laisse indifférens ; le ton-
« nerre de la divine Justice gronde sur nos têtes,
« et nous ne l'entendons pas. »

Que faudra-t-il donc pour nous réveiller ?
Attendrons-nous qu'un ange du premier ordre
vienne nous annoncer les jugemens de Dieu
près d'éclater sur la France ? Attendrons-
nous que, pour porter au Roi de si terribles menaces, il se fasse un apôtre d'un simple, d'un
ignorant, tel que les choisit pour ses plus grandes
œuvres celui qui *prend ce qui n'est pas, pour
renverser et confondre ce qui est* ? Est-ce là le
miracle, le prodige inouï qu'il faut pour briser
notre endurcissement, pour mettre à bout notre

incrédulité ? Ou plutôt, parlons sans détour, puisque ce prodige est connu, puisque depuis moins d'une année nous n'en sommes plus à l'attendre, comment nous flatterions-nous, en persévérant dans l'impénitence, d'échapper aux vengeances du Tout-Puissant, nous peuple d'ingrats, d'infidèles et de sacriléges profanateurs ?

Les événemens mêmes dont nous sommes témoins, l'état d'humiliation, de faiblesse et de détresse où la France est réduite, le dérangement des saisons, les cris des pauvres qui manquent des secours les plus nécessaires, la stagnation du commerce, l'esprit de vertige et d'insurrection qui fermente encore au milieu de nous, malgré la sagesse et la douceur d'un Gouvernement paternel ; tout nous crie que la vengeance est à la porte, et qu'il ne nous reste point d'autre ressource pour désarmer un Dieu irrité, qu'une prompte et sincère pénitence. Profitons donc de ce jour qui nous est donné, connaissons ce qui peut nous procurer la paix, et ne nous amassons pas un trésor de colère par l'impénitence et la dureté de notre cœur.

V I.

Nécessité de les prévenir par la Pénitence.

MAIS que nous serions abusés, si nous regardions le rétablissement de culte public qui a suivi le Concordat, comme une abjuration de nos égaremens, comme un retour sincère à la foi de nos pères, comme une réparation suffisante de nos attentats contre Dieu et sa Religion sainte! Nous devons, il est vrai, rendre grâces à la Bonté divine de la liberté qu'elle nous a rendue de lui offrir nos vœux et nos hommages dans les lieux consacrés à sa gloire, d'y chanter solennellement ses louanges, de lui présenter la victime pure, qui est la source de toutes les grâces, et d'y recevoir tous les secours spirituels que l'Église donne à ses enfans.

Mais est-ce là tout ce que nous devons à sa justice? Acquittons-nous des dettes immenses, uniquement parce que nous sommes comblés de nouvelles faveurs dont nous étions très-indignes? Dieu s'est-il réconcilié avec nous, par cela seul qu'il nous permet de rentrer dans sa maison? Avons-nous droit de juger qu'il nous y regarde d'un œil favorable, parce qu'il nous en a ouvert la porte, que nos profanations avaient fermée? Nous devrions ne venir dans nos temples qu'avec un cœur contrit et humilié de nos prévarications, de notre impiété, de notre apostasie. Il faudrait nous y voir pénétrés des sentimens du Publicain qui se tenait éloigné de l'autel, baisser les yeux, nous frapper la poitrine, en implorant, comme cet humble pénitent, la miséricorde de celui que nous avons offensé par tant de crimes abominables. Surtout nous devrions reconnaître, comme le fils prodigue, qu'après avoir péché contre le Ciel et contre la majesté du Dieu Très-Haut, nous ne méritons plus d'être appelés ses enfans, et que c'est assez pour nous qu'il nous traite comme ses esclaves. Mais avons-nous seulement compris, comme lui, combien nous nous sommes éloignés de Dieu, quelle dissipation nous avons faite de ses dons, dans quelle affreuse indigence nous sommes tombés, dans quels vices et quelles passions honteuses nous nous sommes plongés, à quel esclavage, à quelle faim dévorante, nous avons été réduits? Non; nous ne sommes point rentrés de bonne foi en nous-mêmes; nous n'avons point senti notre misère, ni le bonheur que l'on goûte dans le service de Dieu; nous n'avons pas même quitté le péché, ni tout ce qui peut y conduire encore. Que nous sommes donc loin d'être retournés à notre Père dans toute la sincérité de notre âme! Combien peu lui ont confessé leurs péchés avec un esprit brisé de douleur! Et qui de nous s'est soumis volontiers à toutes les humiliations, qui ne sont que trop dues à notre orgueil et à notre insolence? Oserions-nous prétendre que nous avons mérité d'être reçus en grâce, d'être rétablis dans l'innocence, d'entendre cette parole si consolante : « Mon fils, que voici, était mort, et il est ressuscité; il était perdu, et il est retrouvé ? » Enfin, a-t-on le moindre sujet de croire que nous sommes devenus dignes de ce banquet sacré, où l'homme est admis à se nourrir du pain des anges, et que notre retour a procuré à ces esprits bienheureux plus de joie que la persévérance des justes, qui n'avaient pas besoin de pénitence ?

Hélas ! pourrions-nous nous faire illusion sur un point si important ? Nos églises sont ouvertes, et nos cœurs sont fermés au repentir ; nous y honorons Dieu du bout des lèvres, et nos affections sont éloignées de lui. Il nous conviendrait d'y paraître avec des habits et en posture de supplians, et nous y étalons le luxe et les pompes du siècle, un air de fierté, des nudités scandaleuses, une irrévérence digne du théâtre. Le sentiment de nos maux, la douleur de nos crimes, devraient nous confiner à la dernière place, et nous osons approcher du sanctuaire comme si nous étions innocens : il faudrait arroser le pavé de nos larmes ; notre âme, comme celle du roi-prophète, devrait être humiliée jusque dans la poussière, et notre ventre attaché à la terre (*Ps. 43.*) ; et nous y paraissons avec des yeux altiers, une démarche orgueilleuse, un cœur plus dur que le bronze, et à peine y fléchissons-nous les genoux pendant quelques momens.

N'avons-nous pas sujet de craindre que le Dieu Très-Haut, devant qui les Séraphins mêmes sont dans un saint tremblement, ne nous chasse de nouveau de ces saints lieux, où nous ne nous montrons que pour y renouveler et continuer nos immodesties et nos profanations ? Ne méritons-nous pas qu'il nous dise, comme autrefois aux Juifs, dont nous n'imitons que trop l'orgueil et l'impénitence : « Qu'ai-je à faire de « cette multitude de victimes que vous m'of- « frez ? Tout cela m'est à dégoût..... Ne m'offrez « plus de sacrifices inutilement; l'encens m'est « en abomination.... Je hais vos solennités.... « elles me sont devenues à charge : je suis las « de les souffrir. Lorsque vous étendrez vos « mains vers moi, je détournerai mes yeux de « vous, et lorsque vous multiplierez vos prières, « je ne vous écouterai point, parce que vos « mains sont pleines de sang. Lavez-vous, pu- « rifiez-vous, ôtez de devant mes yeux la ma- « lignité de vos pensées ; cessez de faire le mal, « apprenez à faire le bien...., et après cela, « venez et soutenez votre cause contre moi, « dit le Seigneur. » (*Isaïe*, 1. 11.)

Tels sont les sentimens qui doivent nous conduire dans le lieu saint, tel est le sacrifice que nous devons offrir à ce Juge redoutable, qui sonde les cœurs et les reins. « Les holo- « caustes, dit David, ne sont pas ce que vous « demandez. » Un culte purement extérieur ne saurait vous être agréable, les dehors de la piété ne sont à vos yeux qu'hypocrisie et déguisement, quand ils sont vides de l'esprit de foi et de religion, qui doit les animer. « Le sacrifice « que Dieu demande, est un esprit pénétré de « douleur. Vous ne rejeterez pas, ô mon Dieu ! « un cœur contrit et humilié. » (*Ps.* 5o.) Mais où est-il ce cœur affligé et pénitent? Où sont ceux qui, comme le Roi-prophète, ont toujours leurs péchés devant les yeux, qui s'épuisent à force de gémir, qui baignent leur lit de leurs larmes, qui mangent la cendre comme le pain, qui passent les nuits sans dormir, et pour qui le péché est une épine qui leur perce et déchire le cœur? Où sont ces adorateurs en esprit et en vérité, que le Père demande, et qui seuls lui rendent un culte digne de lui?

On nous a invités à la pénitence, en nous accordant, en 1802, un Jubilé avec les plus grandes indulgences; mais quels en ont été les fruits? A-t-on vu disparaître du milieu de nous l'esprit d'irréligion, les scandales et les désordres, qui nous souillaient auparavant? Le délire de l'ambition, l'attachement aux richesses, la fureur du jeu; l'amour des spectacles, du luxe, des vaines joies, des plaisirs criminels, ont-ils fait place à l'humilité, à l'esprit de pauvreté, au goût de la retraite et de la mortification? Notre foi est-elle plus vive, nos mœurs plus pures, notre piété plus sincère, notre charité plus abondante? Le jour du Seigneur est-il plus respecté, les églises et les sacremens

plus fréquentés, la loi de Dieu mieux obser-
vée ? Le vice est-il devenu plus rare, et la vertu
plus commune et plus honorée ? Sommes-nous
revenus au Seigneur avec dix fois plus d'ardeur, que nous n'en avions eue à nous éloigner
de lui ? Est-ce de tout notre cœur que nous nous
sommes convertis ? Est-ce par nos jeûnes, nos
larmes, nos gémissemens et le déchirement de
nos cœurs, que nous avons signalé notre retour ? En un mot, la France a-t-elle changé de
face sous le rapport de la Religion ? Et, en tra-
vaillant à cicatriser les plaies qu'elle a reçues
dans son état temporel, a-t-elle songé avec autant de soin à fermer celles qu'elle s'est faites
par son apostasie ?

On nous a épargné l'humiliation publique à
laquelle l'Angleterre se soumit, après le schisme
de Henri VIII (1) ; on nous a dispensés de dé-

______

(1) Les membres des deux Chambres assemblées, présen-
tèrent à Philippe et à Marie une requête pour leur témoi-
gner très-humblement qu'ils se repentaient de bon cœur de
leur révolte et de leur schisme qui les avait retranchés
de l'unité du Saint-Siége ; que, pour donner des preuves
de leur sincérité, ils étaient prêts à révoquer toutes les
lois faites à ce sujet, et qu'ils suppliaient instamment
leurs Majestés, qui n'avaient eu aucune part au crime
de la Nation, d'intercéder pour eux auprès du Légat, et
de leur procurer l'absolution de leurs fautes, et la joie
d'être reçus de nouveau dans le sein de l'Eglise...... Le
Roi et la Reine se mirent à genoux, ce que firent tous
les membres des deux Chambres. Alors le cardinal dit

mander et de recevoir à genoux l'absolution d'un péché plus grand que celui de Sodôme, et notre orgueil n'eût pu souffrir la confusion qui lui était due. Mais qu'a produit une réconciliation si facile ? L'aveuglement, l'endurcissement, l'impénitence ; et ceux qui ont prétendu guérir des ulcères gangrenés et contagieux avec des remèdes anodins, n'auraient que trop de sujet de nous appliquer ce qui est dit dans un prophète, d'une ville superbe et impie. « Nous avons traité Babylone, et elle n'a point « été guérie ; abandonnons-la,.... parce que la « condamnation qu'elle mérite est montée jusqu'au ciel, et s'est élevée jusqu'aux nues. » (*Jérémie*, 51, 9.) Et plût à Dieu qu'on ne pût pas appliquer à ces médecins eux-mêmes ces autres reproches du même prophète : « Ils guérissaient les plaies de mon peuple d'une manière honteuse, en disant : La paix! la paix! « lorsqu'il n'y avait point de paix ! » (*Jér.* 6.14.)

VII.

Caractère de cette pénitence. 1°. Elle doit être publique.

C'est une règle constante et invariable, éta-

---

tout haut : « J'implore la miséricorde de Dieu, que je prie de regarder son peuple en pitié, et de lui pardonner sa faute. » Puis, comme légat du vicaire de J.-C., il bénit toute l'assemblée, lui donna l'absolution, et leva toutes les censures. (*Hist. Eccl.*, t. 30, l. 150, 11, 33.)

blie par les Pères et les Conciles, et conforme à l'équité naturelle, que les péchés publics doivent être expiés par une satisfaction publique. « L'apôtre avertit, dit le saint Concile de « Trente, que les pécheurs publics doivent « être corrigés publiquement. Quand donc « quelqu'un aura commis quelque crime en « public et à la vue de plusieurs personnes, en « sorte qu'il n'y ait point de doute que les « autres n'en aient été offensés et scandalisés, « il faut lui enjoindre publiquement une péni- « tence proportionnée à sa faute; afin que ceux « qui ont été excités au désordre par son « exemple, soient rappelés à une vie réglée « par son amendement. » (*Concil. Trid., sess.* 24, *c.* 8.)

Nous l'avons compris quand nous avons songé à expier un attentat que nous voudrions pouvoir effacer de nos annales, et dont notre douleur même conservera le souvenir dans tous les âges. Nous avons pleuré publiquement le meurtre d'un Roi, digne de vivre à jamais dans nos cœurs; et ceux-mêmes qui n'avaient pas cessé de le pleurer en secret, ont pris part au deuil univer-sel. Si donc nous avons rendu publiquement à César ce qui est à César, n'est-il pas de toute jus-tice que nous rendions aussi publiment à Dieu ce qui est à Dieu? Or, y eut-il jamais effronte-rie pareille à celle avec laquelle nous avons ar-boré l'étendard de l'impiété? N'avons-nous pas

marché tête levée dans la voie de l'irréligion et de la révolte? N'avons-nous pas foulé aux pieds la vérité dans les places publiques, selon l'expression d'Isaïe? (*Ch.* 59. 14.) « Levez les yeux
« en haut, nous dit Jérémie, et voyez où vous
« ne vous êtes point prostituée. Vous étiez as-
« sise dans les chemins, attendant comme un
« voleur attend les passans à l'écart, et vous
« avez souillé la terre par vos fornications et
« par vos méchancetés.... Après cela vous avez
« pris le front d'une femme débauchée, vous
« n'avez point voulu rougir. » (*Jér.* 3. 2.)

« Votre malice vous accusera, dit encore ce
« saint Prophète, et votre éloignement de moi
« s'élèvera contre vous. Sachez et comprenez
« quel mal c'est pour vous, et combien il vous
« est amer d'avoir abandonné le Seigneur votre
« Dieu, et de n'avoir plus ma crainte devant
« les yeux, dit le Seigneur, le Dieu des ar-
« mées. Vous avez brisé mon joug dès le com-
« mencement; vous avez rompu mes liens;
« vous avez dit : Je ne servirai point. » (*Jér.*
2. 19.)

Hélas! nous l'avons dit, nous l'avons publié sur les toits. Nous avons fait trophée de l'incrédulité, de la profanation des choses saintes, du mépris de Dieu, de la haine de la Religion, et de tous les crimes sans exception. Nous avons pris le Ciel et la terre à témoins de nos débordemens, de nos abominations, et nous sommes absolument sans excuse. N'est-il donc pas indispensable d'expier par une pénitence publique, des forfaits malheureusement trop publics ?

Je ne dis pas qu'il faille nous couvrir de sacs et de cendres, nous prosterner sur le parvis de nos Eglises, porter le cilice, jeûner au pain et à l'eau, et nous condamner tous à ces exercices publics, que l'Eglise dans ses beaux jours, imposait aux pécheurs, pour guérir leurs blessures. Mais si notre lâcheté fait tomber de ses mains les verges salutaires dont elle a droit de nous frapper, ne nous y trompons pas, on ne se moque pas de Dieu, on ne rentre en grâce avec lui que par de grands gémissemens et de grands travaux, comme parle le Concile de Trente : il n'accorde le pardon qu'à ceux qui se repentent sincèrement de leurs crimes, qui travaillent à les expier, et qui demandent humblement miséricorde. *Pœnitenti, operanti, roganti.* (S. Cyprien *de Laps.*) Et ce n'est pas assez que chacun de nous s'efforce d'apaiser la Justice divine en particulier ; il faut qu'à l'exemple des habitans de Béthulie, « tout le « peuple crie vers le Seigneur avec grande ins- « tance, et qu'ils humilient leurs âmes dans « les jeûnes et les prières, eux et leurs fem- « mes....., et qu'ils sachent que le Seigneur les « exaucera, s'ils persévèrent toujours dans le

« jeûne et dans la prière devant le Seigneur. »
(*Judith., ch.* 4. 8.)

Il faut imiter la piété de Judas Machabée et de ses soldats, qui, après avoir vaincu leurs ennemis, ne songèrent qu'à réparer les ruines du temple. « Ils virent, dit l'historien sacré, « les lieux saints tous déserts, l'autel profané, « les portes brûlées, le parvis rempli d'épines... « ils déchirèrent leurs vêtemens, firent un « grand deuil, mirent de la cendre sur leurs « têtes, se prosternèrent le visage contre terre, « firent retentir les trompettes dont on donnait « le signal, et poussèrent leurs cris jusqu'au « Ciel. » (1. *Mach.* 4. 38.)

Il faut que le Roi et la Chambre des Députés demandent aux évêques de France l'établissement d'une fête solennelle d'expiation, à l'instar de celle que Dieu lui-même avait prescrite aux Israélites, non seulement pour purifier le tabernacle et le Saint des Saints, mais encore pour expier généralement les péchés de tout le peuple. « C'est en ce jour, dit le Seigneur, par « Moïse, que se fera votre expiation et la pu- « rification de tous vos péchés ; vous serez « purifiés devant le Seigneur : car c'est le sabbat « du repos, et vous y affligerez vos âmes par « un culte religieux qui sera perpétuel..... Tout « homme qui ne se sera point affligé en ce jour- « là périra du milieu de son peuple. » (*Levit.* 16, 30, *et* 23, 29.)

Il faut que la nation entière suive les traces des Ninivites, qui « crurent à la parole de Dieu, « ordonnèrent un jeûne public, et se couvri- « rent de sacs, depuis le plus grand jusqu'au « plus petit. » Il faut « qu'ils crient au Seigneur « de toute leur force ; que chacun se conver- « tisse, qu'il quitte sa mauvaise voie, et l'ini- « quité dont ses mains sont souillées. » (*Jon.* 3, 5.) Il faut ne pas attendre qu'un nouveau Jonas vienne nous annoncer que dans quarante jours Ninive sera détruite ; « afin que Dieu se « retourne vers nous, pour nous pardonner, « qu'il apaise sa fureur et sa colère, et qu'il la « change en miséricorde. » (*Ibid. v.* 9.)

Il faut que, selon le conseil que donnait Ju- dith à ses concitoyens, « nous humilions nos » âmes devant Dieu, que nous reconnaissions « que nous sommes ses esclaves, que nous de- « meurions dans un esprit d'abaissement, et « que nous le prions avec larmes de nous faire « sentir, en la manière qu'il lui plaira, les effets « de sa miséricorde. » (*Judith.* 8. 16.)

Il faut craindre d'être traités comme Baltha- sar, dont nous avons surpassé l'impiété. « Vous « n'avez point humilié votre cœur, lui disait « Daniel, mais vous vous êtes élevé contre le « Dominateur du Ciel, vous avez fait apporter « devant vous les vases de sa maison sainte, et « vous avez bu dedans.... et vous n'avez point « rendu gloire au Dieu qui tient dans sa main

« votre âme et votre vie.... c'est pourquoi votre
« Royaume est divisé, et il a été donné aux
« Mèdes et aux Perses. »

Il faut craindre enfin que la cognée ne soit
déjà à la racine de l'arbre, comme saint Jean-
Baptiste le disait aux Pharisiens, et faire de
dignes fruits de pénitence, pour fuir la colère
dont nous sommes menacés. (*Matth.* 3. 7.)

VIII.

Elle doit être universelle.

Ce ne sont pas seulement les athées et les
impies de profession, ce ne sont pas seulement
les auteurs de la Révolution, les blasphémateurs,
les sacriléges, les Régicides, les persécuteurs de
la Religion, qui doivent se soumettre à une pénitence publique. « Tous se sont écartés du droit
« chemin ; tous se sont mutuellement infectés :
« ils se sont corrompus, ils se sont rendus abo-
« minables par leurs iniquités ; il n'y a personne
« qui fasse le bien. » (*Ps.* 13.) Tous par consé-
quent sont plus ou moins coupables, et doivent
prendre part à l'expiation du péché commun à
tous.

Et dans le vrai, qui oserait se croire innocent ?
Celui qui n'a pas blasphémé son Dieu par ses
paroles, ne l'a-t-il point renoncé par ses œuvres ?
Celui qui n'a point abjuré la foi, a-t-il toujours
vécu de la foi ? Si vous n'avez point profané

les choses saintes en public, ne les avez-vous point profanées en secret, en y participant avec une conscience impure ? Si vous n'avez pas trempé vos mains dans le sang du Prince de votre peuple, lui avez-vous gardé toute la fidélité que vous lui deviez ?

Avez-vous d'ailleurs assez prié, assez gémi devant Dieu ? Vous êtes-vous offert comme une victime de pénitence, pour conjurer l'orage et détourner la tempête ? N'aviez-vous pas contribué par vos péchés précédens à grossir le trésor de la colère de Dieu, et à attirer sur l'Eglise et sur l'Etat tout le poids de ses vengeances ? Vous êtes-vous du moins humilié sous sa main puissante, lorsqu'elle s'appesantissait sur vous, et l'avez-vous baisée avec respect ? Si vous avez perdu vos biens, vos parens, vos amis, votre liberté, vous êtes-vous écrié comme David : « Vous êtes juste, Seigneur, et vos arrêts sont « équitables ! » (*Ps.* 118.) Avez-vous dit dans toute la sincérité de votre cœur avec Job : « Le « Seigneur me les avait donnés, le Seigneur me « les a ôtés ; il n'est arrivé que ce qu'il lui a plu : « que son nom soit béni. » (*Job.* 1. 21.)

Avez-vous été plus touché des intérêts de Dieu et de la Religion, que des vôtres propres ? Avez-vous senti plus vivement la perte de la foi dans vos frères, que celle de vos biens temporels ? Les outrages faits à Dieu vous ont-ils plus affligé que les injustices qu'on vous a faites ?

N'avez-vous point négligé les devoirs les plus communs de la charité, en ne vous occupant que de vous-même et de votre propre sûreté? N'avez-vous point été porté au murmure, à l'impatience, au zèle amer, à l'aversion secrète, au désir de la vengeance? Enfin, si vous n'avez pas été l'auteur de tant de désordres, de scandales et d'horreurs, n'y avez-vous pas coopéré ou consenti, soit par vos paroles, soit par vos actions, soit même par votre silence?

Qui fera cet examen de bonne foi, sera-t-il tenté de se séparer des grands coupables et de se dispenser de la pénitence générale?

De plus, n'est-il pas certain que nous ne formons tous ensemble qu'une seule famille, un seul corps dont nous sommes les membres, un seul Etat gouverné par un seul chef, sous les mêmes lois? « Or, dès qu'un membre souffre, « dit saint Paul, tous les autres souffrent avec « lui. » (1. *Cor.* 12. 26.) Un seul pécheur peut infecter toute une Eglise; un seul incestueux, dans celle de Corinthe, obligeait tous les fidèles, selon ce saint apôtre, à s'humilier et à faire pénitence. « Vous êtes encore enflés d'or- « gueil, leur disait-il, et vous n'avez pas, au « contraire, été dans les pleurs !.... Il ne vous « convient pas de vous glorifier. Ne savez-vous « pas qu'un peu de levain aigrit toute la pâte? » (*I. Cor.* 5. 2.)

Les Saints ne songèrent jamais à se prévaloir

de leur innocence pour se distinguer des coupables dans les calamités publiques. Ils étaient au contraire les premiers à s'humilier, à s'accuser, à faire pénitence pour des crimes auxquels ils n'avaint point pris de part. « Nous avons « péché comme nos pères, dit David, nous « avons fait des actions criminelles, nous avons « commis l'iniquité. (*Ps.* 105.) Nous avons « péché devant vous, disait la reine Esther, et « c'est pour cela que vous nous avez livrés « entre les mains de nos ennemis. » (*Esther.* 14. 6.) Jérémie, Baruch, Daniel, les trois enfans dans la fournaise de Babylone, n'ont tous qu'un même langage. Tous confessent qu'ils sont pécheurs, et qu'ils ont attiré par leurs iniquités les châtimens de Dieu.

Mais rien n'est plus touchant que l'humble prière de Daniel, et l'aveu qu'il fait de ses péchés aussi bien que de ceux de son peuple : « Nous avons péché, dit-il, nous avons com- « mis l'iniquité, nous avons fait des actions im- « pies, nous nous sommes retirés de vous, et « nous nous sommes détournés de la voie de vos « préceptes et de vos ordonnances.... La justice « est à vous, Seigneur, et pour nous; il ne nous « reste que la confusion de notre visage, à nous, « à nos Rois, à nos princes, et à nos pères...Tout « Israel à violé votre loi... Ainsi l'œil du Sei- « gneur a été ouvert et attentif aux maux, et « il les a fait fondre sur nous....., parce que nous

« n'avons point écouté sa voix. Je confesse
« donc maintenant, ô Seigneur, notre Dieu....
« que nous avons péché, que nous avons com-
« mis l'iniquité ; mais je vous conjure selon
« toute votre justice, Seigneur, que votre colère
« et votre fureur se détournent de votre cité
« de Jérusalem.... Ce n'est point par confiance
« en notre propre justice que nous vous offrons
« nos prières, en nous prosternant devant vous,
« mais c'est dans la vue de la multitude de vos
« miséricordes.... Lorsque je parlais encore, et
« que je priais, et que je confessais mes péchés
« et les péchés d'Israel mon peuple, et que dans
« un profond abaissement j'offrais mes prières
« en la présence de mon Dieu, etc. » (*Dan.*
9. 5.)

Tels sont les sentimens des Saints. Ils savent
trop bien que personne ne peut dire : « Mon
« cœur est net, je suis pur de péché. » (*Prov.*
20. 9.) Ils arrêtent, comme Daniel, leurs
yeux sur le Seigneur, pour le prier, le conjurer dans les jeûnes, le sac et la cendre, et
pour lui confesser leurs fautes. (*Dan.* 9. 3.) Et
ils sont convaincus qu'il suffit de se croire innocent, pour cesser de l'être.

Non-seulement les Saints se mettent au rang
des coupables, mais ils se dévouent même pour
eux, et consentent à attirer sur eux-mêmes les
peines qui sont dues à leurs péchés, pour leur
obtenir miséricorde. Moïse se prosterna devant

le Seigneur ; il demeura quarante jours et quarante nuits sans manger de pain et sans boire d'eau, à cause des péchés des Israélites. « Car, dit-il, j'appréhendais l'indignation et la fureur qu'il avait conçue contre vous, et qui le portait à vouloir vous perdre ; et le Seigneur m'exauça encore pour cette fois. » (*Deut.* 9. 18.) Ce saint législateur alla même jusqu'à demander à Dieu d'être effacé de son livre, pour obtenir à son peuple le pardon de l'idolâtrie honteuse dont il s'était rendu coupable. (*Exod.* 32. 32.)

Saint Paul, à son exemple, était saisi d'une profonde tristesse, et sentait dans son cœur une douleur continuelle, à cause de l'incrédulité opiniâtre du corps de la nation juive, jusque-là qu'il eût souhaité de servir de victime soumise à l'anathème et à la malédiction pour ses frères, c'est-à-dire, qu'il eût consenti à devenir l'objet de l'exécration publique, et d'être livré au dernier supplice, s'il eût pu à ce prix obtenir leur conversion. (*Rom.* 3. 5.)

« Mon œil a répandu des ruisseaux de larmes, « dit Jérémie, en voyant la ruine de la fille de « mon peuple ; mon œil s'est affligé, et ne s'est « point tû, parce qu'il n'y avait point de repos, « jusqu'à ce que le Seigneur jetât les yeux sur « nous, et nous regardât du ciel. » (*Lament.* 3. 48.) Aussi, ce saint prophète est-il appelé le véritable ami de ses frères et du peuple d'Israël, qui prie beaucoup pour ce peuple et pour toute la ville sainte (*II. Mach.*, 15, 13.)

Il y a eu dans tous les siècles des Jérémies, qui ont pleuré les maux de leur peuple ; tous les écrits des Saints retentissent à chaque page de leurs plaintes et de leurs gémissemens sur la corruption des mœurs, sur la rareté de la foi, et sur les maux temporels qui en étaient le châtiment. Ces grandes austérités, qui nous étonnent dans leur vie, ces jeûnes, ces veilles, ces longues prières, ces macérations auxquelles nous ne voudrions pas toucher du bout du doigt, n'avaient pas seulement pour but d'assujétir leurs corps à l'esprit, mais aussi d'expier les iniquités de leurs frères, et d'apaiser en faveur de l'Eglise et de l'Etat, la Justice divine.

Quelle serait donc notre insensibilité, si nous nous dispensions de satisfaire à cette Justice pour nos propres péchés, tandis que les Saints se sont rendus victimes pour ceux des autres ? Quel serait notre orgueil, si nous nous prétendions innocens, tandis qu'ils s'avouaient pécheurs ? Et sur quel fondement renverrions-nous à d'autres une pénitence nécessaire à tous, et qui est l'unique planche qui puisse nous sauver du naufrage ?

Ah ! qu'il nous conviendrait bien mieux d'imiter ces humbles Machabées qui mettaient plus leur confiance dans la prière et les œuvres de pénitence, que dans la force de leurs armes. « Dans le temps que Timothée approchait, dit

« l'historien sacré, Machabée et ceux qui étaient
« avec lui conjurèrent le Seigneur, jetant de la
« cendre sur leurs têtes, ayant ceint leurs reins
« d'un cilice, et se prosternant au pied de l'au-
« tel, de leur être favorable et de se déclarer
« l'ennemi de leurs ennemis. » (*II. Mach.* 10. 25.)
« C'est par de telles victimes, dit saint Paul,
« qu'on se rend Dieu favorable. » (*Hebr.* 13. 16.)
L'orgueil, la confiance en notre propre justice,
et l'impénitence nous exposeraient infaillible-
ment aux traits de sa colère ; et nous avons plus
de sujet que jamais d'appréhender les effets de
cette terrible menace : « Si vous ne faites pé-
« nitence, vous périrez tous. » (*Luc*, 13.)

I X.

Elle doit être jointe à une Conversion solide
et sincère.

MAIS, je l'ai déjà dit, en vain nous flatterions-
nous de faire pénitence, si nous ne retournons
à Dieu de tout notre cœur, si nous ne renonçons de bonne foi et pour toujours au péché, et
si nous n'aimons sincèrement la justice. Que
ceux donc qui n'ont pas abjuré le Dieu de leurs
pères, s'éloignent à jamais de ces joies pro-
fanes, de ces spectacles, de ces bals, de ces plaisirs absolument incompatibles avec un repentir
sincère. Que l'aumône, le jeûne, la prière, les
saintes lectures, la visite des membres souffrans

de Jésus-Christ remplacent les festins, les jeux, les divertissemens. Que les ministres du Seigneur, prosternés entre le vestibule et l'autel, ne cessent de pleurer et de demander grâce pour les pécheurs. Que les princes et les grands donnent l'exemple d'une conversion véritable et d'une piété solide. Que tous purifient leurs cœurs et leurs actions. Que tous soient dans le deuil et dans les larmes. Que notre ris se change en pleurs, selon l'exhortation d'un saint apôtre, et notre joie en tristesse (*Jac.* 4. 8.). Que la France entière offre aux yeux de tous ses voisins le spectacle d'un peuple pénitent et converti, et ils n'oseront l'attaquer, lorsqu'il aura su mettre Dieu même dans ses intérêts, par une réconciliation sincère.

Surtout n'oublions pas que des signes extérieurs d'une pénitence passagère ne seraient rien moins que suffisans pour fléchir la Justice divine. C'est la conversion du cœur et de tout le cœur que Dieu demande de nous, et sans elle il n'y a point de miséricorde à espérer. « Dieu, dit saint Augustin, pardonne à ceux « qui sont convertis ; il ne pardonne point à ceux « qui ne le sont pas. » C'est un changement réel de pensées, d'affections, de langage et de conduite. C'est le détachement du monde, le mépris de ses faux biens, la fuite de ses plaisirs et de ses vanités, et la pratique des vertus contraires. C'est un retour qui ne nous permette plus de regarder derrière nous et de regretter les fausses délices de l'Egypte.

Je ne m'arrête pas à prouver par l'Ecriture, les Saints-Pères et les Conciles, que telles doivent être les qualités de la conversion. Les lumières seules de la raison suffisent pour nous convaincre qu'une douleur éphémère, qui ne va pas jusqu'au cœur ou qui est démentie par des rechutes, ne saurait être qu'hypocrisie et que déguisement. Que penserions-nous en effet de nos démagogues, si, après les avoir vus abjurer leurs erreurs, nous les retrouvions tels qu'ils étaient auparavant ? Que pensons-nous de ces vils conspirateurs, qui, après avoir prêté au Roi le serment de fidélité, ourdissent sans cesse de nouvelles trames contre sa personne sacrée ? Et que pense-t-on tous les jours dans le monde de tant de personnes, qui, après avoir renoncé à leurs désordres, y retombent encore ? Croit-on à la conversion d'un ennemi qui trahit de nouveau celui avec qui il avait paru se réconcilier; à celle d'un libertin qui se vautre encore dans la fange, dont il semblait s'être lavé ?

Aurions-nous donc deux poids et deux mesures ? Pourrions-nous penser que celui qui sonde les cœurs et les reins, se paiera d'un pur extérieur que nous condamnons nous-mêmes dans les autres ? Et pourrions-nous lui refuser la douleur intérieure et la fidelité constante que nous exigeons de ceux qui nous ont offensés ? Celui que nous ne jugerions pas digne de notre amitié et de notre confiance, méritera-t-il celle de Dieu par des dehors qui ne sauraient lui en imposer ?

Loin de nous donc cette fausse justice, dont on se revêt, comme d'un habit de parade, en certains jours, pour s'en dépouiller le lendemain. Gardons-nous de ressembler à ce peuple inconstant et rebelle, qui revenait au Seigneur lorsqu'il le châtiait ; qui l'aimait de bouche, et lui rendait extérieurement des soumissions trompeuses, mais dont le cœur n'était point droit à ses yeux. « A peine, dit le Roi-Prophète, « étaient-ils retournés à Dieu, qu'ils le tentaient « de nouveau, et qu'ils irritaient le Saint d'Is- « rael.... Ils se retirèrent de lui, et violèrent son « alliance.... Dieu vit leurs abominations, et en « fut irrité : il réduisit Israël dans la dernière « humiliation.... il fit passer son peuple au fil « de l'épée.... le feu de la guerre dévora leurs « jeunes hommes, etc. » (*Ps.* 77.)

Souvenons-nous que « l'homme apostat n'est « bon à rien ; que sa ruine viendra fondre sur « lui en un moment ; qu'il sera brisé tout d'un « coup, et que sa perte sera sans ressource. » (*Prov.* 6. 12.) Souvenons-nous enfin qu'il y a un terme après lequel il en est des nations comme des particuliers, au sujet desquels la Sagesse nous dit qu'elle se fait un jeu de leur destruction, lorsqu'ils ont méprisé ses conseils et ses remontrances. « Parce que je vous ai ap-« pelés, et que vous n'avez point voulu m'é-« couter.... que vous avez méprisé tous mes « conseils, et négligé mes réprimandes ; je rirai « aussi à votre mort, et je vous insulterai.... « lorsque le malheur viendra tout d'un coup, « lorsque vous vous trouverez surpris par l'af-« fliction et par les maux les plus pressans. Alors « ils m'invoqueront, et je ne les écouterai « point. » (*Prov.* 1. 26.)

X.

Conclusion.

QUE je serais heureux si je pouvais tirer mes frères de l'assoupissement où ils sont tombés, leur inspirer une crainte salutaire des maux dont nous sommes menacés, et les porter effi-cacement à les prévenir par une sincère péni-tence ! Mais, hélas ! le nom seul de la pénitence nous effraie ; les uns, quoique percés de mille blessures, sont prêts à soutenir qu'ils se portent bien, et repoussent avec indignation la main du médecin qui veut les guérir. D'autres ren-voient la pénitence à ces grands coupables, à ces impies de profession, à ces auteurs des maux de la France, dont les excès ont révolté toutes les âmes honnêtes. Plusieurs se persua-dent que la confession des péchés, séparée des œuvres laborieuses et de la conversion du cœur, suffit pour les expier. Presque tous vivent et meurent dans l'impénitence ; ils marchent à grands pas dans la voie large qui mène à la perdition ; ils sont sur le bord d'un abîme et ne s'en aperçoivent pas.

Réveillons-nous enfin : « Venez, retournons « au Seigneur, parce que c'est lui-même qui « nous a faits captifs, et qui nous délivrera; « qui nous a blessés, et qui nous guérira. » (*Osée.* 6. 1.) Qu'attendons-nous ? Ne sommes-nous pas suffisamment avertis par les événemens dont nous sommes les témoins, et même par un oracle du Ciel, que les maux sont à la porte, et que la pénitence peut seule conjurer l'orage qui gronde sur nos têtes ? Le Seigneur, qui est riche en miséricorde, et qui ne punit qu'à regret des enfans rebelles, nous invite, nous presse de revenir à lui, et de désarmer sa colère par de dignes fruits de pénitence; et l'on voit encore parmi nous des bals, des spectacles , des jeux, des plaisirs, des crimes de toute espèce !

« O enfans des hommes, jusqu'à quand aurez-« vous le cœur pesant ? Pourquoi aimez-vous la « vanité et cherchez-vous le mensonge? (*Ps.*4.) « Vous savez-bien juger des diverses apparences « du ciel, et vous ne sauriez reconnaître les signes « des temps ! » (*Matth.* 16.4.) Faut-il que l'ange exterminateur, qui a reçu l'ordre de nous punir, se rende visible à nos yeux, pour nous

forcer à nous humilier devant Dieu et à implo-
rer sa miséricorde ? Quel esprit d'étourdissement
s'est emparé de nous ? Est-ce en comblant la
mesure de nos iniquités que nous apaiserons la
justice qui nous menace ? « Convertissez-vous
« donc, enfans rebelles, nous dit le Seigneur ;
« revenez à votre Père, et je guérirai le mal
« que vous vous êtes fait en vous détournant
» de moi. » (*Jér.* 3. 22.)

    « Nous voici, Seigneur ; nous revenons à
« vous, car vous êtes le Seigneur notre Dieu ;
« nous dormirons dans notre confusion, et
« nous serons couverts de notre honte, parce
« que nous avons péché contre le Seigneur
« notre Dieu , nous et nos frères , depuis
« notre jeunesse jusqu'à ce jour :.... Nous at-
« tendions la paix , et la paix n'est point ve-
« nue ; nous espérions la guérison , et nous
« voici dans le trouble. Seigneur, nous recon-
« naissons nos impiétés , et l'iniquité de nos
« pères , parce que nous avons péché contre
« vous. Ne nous laissez pas tomber dans l'op-
« probre , afin que votre nom ne soit pas dés-
« honoré. » (*Jér.* 3. 22. *et* 14. 19.) « Ne nous
« traitez pas comme nos péchés le méritent, et
« ne nous punissez pas à proportion de nos ini-
« quités. » (*Ps.* 102.) « Pourquoi nous avez-
« vous fait sortir de vos voies ? Pourquoi avez-
« vous endurci notre cœur jusqu'à perdre votre
« crainte ? Apaisez votre colère.... et effacez

« de votre esprit la mémoire de nos crimes ;
« jetez les yeux sur nous, et considérez que
« nous sommes tous votre peuple.... Vous re-
« tiendrez-vous encore, demeurerez-vous dans
« le silence, et nous affligerez vous jusqu'à
« l'extrémité ? » (*Isaïe*. 63. 17. *et* 64. 9. 12.)
« Pourquoi nous oublieriez-vous pour jamais ?
« Pourquoi nous abandonneriez – vous pour
« toujours ? Faites nous revenir à vous, Sei-
« gneur, et nous retournerons à vous ; renou-
« velez nos jours comme ils étaient au com-
« mencement, quoiqu'il semble que vous nous
« ayez rejetés pour jamais, et que votre colère
« soit sans bornes contre nous. » (*Lament.* 5.)

TABLE DES SOMMAIRES.

FIN DE LA TABLE.

OBSERVATION

ET NOTE DE L'ÉDITEUR.

L'Auteur du présent écrit aurait bien désiré pouvoir insister davantage sur les maux de tout genre qu'a produits la Révolution, et son but en cela eût été de mieux faire sentir la nécessité d'une pénitence publique et générale. Mais sa plume s'est refusée à entrer davantage dans le détail de si grandes horreurs, Hélas! toute la génération qui habite notre terre n'en a que trop vu pour se frapper la poitrine, si elle pouvait craindre le Seigneur et l'aimer. Cependant, afin de faire mieux connaître que les mêmes vues, les mêmes sentimens animent les fidèles des divers cantons du Royaume, nous ajouterons ici un morceau tiré de réflexions manuscrites, que nous avons sous les yeux. Ces réflexions ont trait à un événement dont on a répandu diverses relations d'une extrémité de la France à l'autre, et qui a frappé d'étonnement et de crainte beaucoup d'âmes religieuses, en même temps qu'il leur a inspiré de nouveaux sentimens de pénitence, des prières, des jeûnes, des aumônes, et au-

tres bonnes œuvres, pour fléchir la colère de Dieu, et détourner l'effet de sa justice. Voici comme on termine les réflexions dont il s'agit:

Il faut confesser que les crimes dont s'est couverte notre déplorable nation, ne nous ont rendus que trop dignes des plus terribles châtimens. Eh ! quels crimes comparables à ceux qu'a enfantés la Révolution française ? Quel tableau nous présentent, durant vingt-cinq années, les scènes effroyables qu'elle a données au monde ! La révolte, l'insurrection, proclamées hautement et régularisées au point d'être mises au nombre des devoirs, et comprises parmi les premiers droits de l'homme. Par une juste conséquence d'un droit désorganisateur, le pillage, les meurtres exercés de tous les côtés, des massacres atroces commis impunément, soit par un excès de fureur contre la royauté et ses défenseurs, soit par une haine infernale contre la Religion et ses ministres : Ces massacres dans la capitale, continués sans obstacle, nuit et jour, sous les yeux d'un peuple avide de sang, et devant la face immobile des autorités constituées qui étaient alors en permanence. (*Journées des 2 et 3 septembre.*)

Après ces premiers actes de férocité, le plus exécrable régicide, suivi, durant plus d'une année, d'innombrables assassinats commis au nom de la loi ; la mort, sous toutes sortes de formes, portée dans nos plus belles villes par les bourreaux qui couraient toute la France. Dans ces jours de deuil et d'horreur, les plus grands scélérats couverts d'applaudissemens, et les honneurs divins rendus à leur mémoire. Les outrages, les attentats contre les Saints, contre Dieu même ; l'abolition solennelle de son culte, les parjures, les blasphèmes, mille profanations qui ont souillé nos autels et nos temples; l'apostasie la plus formelle, publiquement consommée, souvent renouvelée dans la capitale et dans les provinces, avec l'assentiment de ceux qui se disaient représenter le peuple; enfin, l'horrible culte de la déesse *Raison*, auquel a succédé ce qu'ils ont appelé *Théophilantropie*.

Que l'on joigne à ces traits, si l'on veut connaître ce qu'on peut attendre d'un peuple de rebelles et d'ennemis de Dieu, une guerre dans l'intérieur, désolant les provinces de l'Ouest, guerre d'extermination digne de Cannibales et d'antropophages. Au dehors le ravage, la destruction, le brigandage, portés successivement dans tous les royaumes de l'Europe par des hordes de soldats sans frein et sans pudeur; des torrens de sang répandus par les troupes françaises, trop long-temps commandées par un chef impie et sans foi, connu pour tel depuis ses guerres d'Egypte, où ce malheureux apostat, à la vue de son armée, proclama Mahomet comme le prophète du Très-Haut, se disant lui-même *envoyé de Dieu pour abattre les croix*, etc. (1)

En dernier lieu, les blasphèmes nouveaux vomis contre Dieu nommément, au retour de l'usurpateur, blasphèmes les plus affreux qui soient jamais sortis de la bouche des hommes.

Tel est en abrégé le tableau de nos crimes, et ces crimes accumulés forment un monceau épouvantable qui s'élève jusqu'au ciel. *Delicta nostra creverunt usque ad cœlum.* (Esdras, liv. I.er chap. IX, v. 6.) Ces crimes sont toujours subsistans, et crient vengeance devant Dieu; ils demeurent écrits dans les trésors de sa colère; parce que, quoique publics, aucune péni-

____

(1) Moniteurs des 24 messidor et 4 thermidor an 6, et 30 germinal an 7.

tence du peuple ne les a encore effacés, et parce qu'on ne peut désarmer cette colère que par un sincère repentir. Comment donc s'étonner que le souverain Juge s'apprête enfin à éclater sur nous ? Qui n'admirerait au contraire son silence profond au milieu des provocations directes, insultantes, que des hommes abominables lui ont faites très-impudemment dans la chaire de la vérité ? Qui aurait jamais pu croire à sa patience inépuisable, malgré tant d'indignes outrages contre sa majesté suprème ? Pouvait-il nous traiter avec plus de ménagement, puisque jusqu'ici nos malheurs ne semblent avoir eu pour cause directe, immédiate, que notre propre malice, et qu'il a suffi de nous seuls pour faire notre première punition ?

Après tant de forfaits, tant d'impiétés, d'abominations, ce Dieu, riche en miséricorde, nous attend à la pénitence, et tout prêt à frapper, il nous fait avertir par un des sept premiers ministres (1), qui sont debout devant son trône, préparés à faire sa volonté (2). Bien plus, cet envoyé de la droite du Très-Haut témoigne ne devoir punir qu'avec un sensible regret, et dans le cas seulement où l'on se refuserait aux moyens de salut qu'il vient nous proposer.

Ne semble-t-il pas encore que Dieu nous dit pour cette fois comme à son ancien peuple : « Je me suis tû, j'ai « gardé le silence, j'ai été patient ; j'éclaterai comme celle qui enfante ; je perdrai, j'abîmerai tout. » *Ta-*

---

(1) *Unus è septem qui astamus ante Dominum.* Tob. XIII, 15.

(2) *Ministri ejus qui facitis voluntatem ejus.* Ps. 102, 21.

cui semper, silui, patiens fui, sicut parturiens loquar; dissipabo et absorbebo simul. (Isaïas, cap. XLII, v. 14.)

Faudra-t-il endurcir nos cœurs, en ce jour qu'il nous donne ce dernier avertissement dans la personne du Roi, notre souverain, et notre père? Ah! plutôt que d'attendre et de provoquer, même jusqu'à l'extrémité notre perte et notre ruine, souvenons-nous des Ninivites; et, la tête dans la poussière, faisons retentir les prières du Roi pénitent et des saints prophètes. Répétons-les sans cesse, et dans le même esprit qui gémissait en eux; déchirons nos cœurs, non nos vêtemens; abhorrons les plaisirs, les fêtes, les festins, toutes les joies du monde, les vains spectacles, les pompes de Satan. Revenons au Dieu de nos pères; et, après nous être égarés si loin, tournons-nous enfin vers le Seigneur; cherchons-le de nouveau et avec dix fois plus d'ardeur. Doutons-nous qu'alors ce Dieu de bonté « ne se retourne vers nous pour nous pardonner, et « qu'il n'apaise sa fureur et sa colère, afin que nous « ne périssions pas? » Et Dieu, dit l'Ecriture, en parlant du peuple de Ninive, « considéra leurs œuvres; « il vit qu'ils s'étaient convertis en quittant leurs mau- « vaises voies, et il eut pitié d'eux, et il ne leur fit « point le mal dont il les avait menacés. » (Jonas, chap. III, v. 9.)

L'on s'arrête à ces premières vues qu'il convient aux pasteurs de développer et de faire sentir avec toute la force et l'autorité attachées à leur ministère. C'est à eux surtout qu'il appartient de faire retentir dans Sion, et de répéter sans se lasser, ces touchantes paroles de Jérémie, que l'Eglise nous met à la bouche dans les jours de salut, comme le seul moyen d'effacer nos crimes, le remède unique aux maux extrêmes, la seule

ressource enfin dans la plus grande désolation : JÉRU-
SALEM ! JÉRUSALEM ! CONVERTISSEZ-VOUS AU SEI-
GNEUR VOTRE DIEU. Nous osons réclamer, conjurer
instamment leur zèle et leur amour pour le troupeau
de J. C., afin qu'ils redoublent leurs avertissemens,
leurs cris aux oreilles du peuple, et encore plus à celles
du Seigneur, pour nous rappeler à la vie, par une sincère conversion, tandis que de saintes âmes doivent
prévenir et accompagner par la pénitence et la prière
leur salutaires exhortations.

FIN.

ERRATA.

Pag. 1, *Avertissement*, lig. 13, c'est que la sagesse de l'homme,
etc., *lisez* : c'est qu'il est plus avéré que jamais, que
la sagesse de l'homme, etc.

Ibid., lig. 19, infaillibes, *lisez* : infaillibles.

Pag. 10, lig. 6, de Laps, lisez : *de Lapsis.*

Pag. 23, lig 16, « c'est à nous, ôtez les guillemets de cette première ligne.

Pag. 24. lig. 11 et 12, ôtez les guillemets jusqu'à ce mot :
« l'abondance.

DE L'IMPRIMERIE D'ADRIEN EGRON,